Herta Hoffmann

Weihnacht ist wie ein Gebet

Lyrik

Mit Bleistift-Zeichnungen der Autorin

Herstellung und Verlag:
BoD – Books on Demand, Norderstedt
ISBN: 978-3-7494-9990-8

Als ich ein Kind gewesen

Als ich ein Kind gewesen
war Krieg und karge Zeit.
Vom Frieden konnte man nur lesen,
der Tod hielt sich zu jeder Zeit bereit.

Als ich ein Kind gewesen,
brannten wenig Lichter auf dem Baum.
Wir hatten damals nicht zu viel zu essen,
und doch dünkt es mich schöner als ein Traum!

Gemeinsam sangen wir die alten Weihnachtslieder,
vor unserem Haus fiel leise Schnee.
Vom Tannenbaum und Stille Nacht
So klang es wieder,
an diesem Abend fielen keine Bomben aus der Höh´.

Wir Kinder waren glücklich und bescheiden,
trotz mancher langer Bunkernacht.
Wir kannten keine Eifersucht und kein Beneiden
und haben trotz des Krieges auch gelacht.

Als ich ein Kind gewesen,
kehrte im ausgebrannten Land die Hoffnung ein.
Über diese Zeit kann man nun vieles lesen,
doch nicht alle Männer kamen zur Weihnachtszeit
aus der Fremde wieder heim!

Winterwetter überall

Winterwetter überall,
auf den Bergen liegt viel Schnee;
stürmisch bläst der Wind durch das Tal,
pfeift und winselt auf der Höh´.

Langsam schwindet auch das Licht,
doch der Sturm kennt keine Pause.
Bei dem Toben karge Sicht,
Menschen eilen rasch nach Hause.

Winterwetter, Weihnachtszeit,
das Wasser friert im Bachbett zu.
Wenn es auch vom Himmel schneit –
die Natur hält ihre Ruh!

Eine goldene Feder

Wer hat die goldene Feder verloren?
Sie schwebte von dem Himmelszelt.
Kein Vogel ist mit ihr geboren,
das Ding ist nicht von dieser Welt!

Vielleicht stammt sie aus Engelsflügeln,
aus purem Gold und doch nicht schwer,
segelte ins Tal über schneebedeckte Hügel,
flog auf und ab, mal hin, mal her.

Die goldene Feder, die ich sah,
glänzend im hellen Kerzenlicht,
war sie wirklich vor meinem Fenster da,
erblickte ich sie wahrhaftig oder nicht?

Wünsche mir keine Zauberei, okkulte Magie,
erschaute wach, träumend diese güldene Daune.
Ein Trugbild, Schimäre – kann es denn sein Fantasie?
Jedoch eine geheimnisvolle Feder
bewegte sich im Raume!

A Hirtabua vor zwatausend Joahr

De Krippn hob i heit gseng, zsaummen gflickt, net grod schön.
Drinnad liegt aufn Heu und a auf a bissal an Stroh,
bei des Küah und dem Esel und locht schon so froh.
A kloans Kindl in da Wiagn. Und i miassat liagn,
mi hots aungschaut, mi oarmen Hiatabua.
Ois wias wauns ma ins Herz gleicht hätt,
so woarm und so nett.
Daunn woars gleich grod aus mit meina Ruah!
Des is koa gwöhnlichs Kind,
des liegt durt bei Ochs und Esel und beim Rind!
Des hot a Gschau, und a die Frau, die durtn sitzt,
do kaunn i mi net glei dafaunga, des kriag i net sofort spitz.
Über Bethlehem der södsaume Stern,
gaunz noh, net so wie olle Aundern, so weit furt und so fern!
Mit seiner lichterlohen Procht,
in dera wundervollen bsunderen Nocht!
Des muass mag seng haum und si zuwitraun!
Mia haum Olle scho laung auf den Erlöser g'woartet!
Oba a Kind? Nau jo, der Engel hot es uns verkündt!
Is des vurstöboar, kaunn sowos denn sei, oh mei!
So vü Leut kumman des Kindl aunschaun,
drängan sie zuwi und daunn –
Wischbert mia wer, i hob jo a guats G'hör,
glei neben der Stoetür, so kimmt es mia fia,
ins Ohrwaschl eini, mit oana Engelsstimm, a liabe und feini!
„Nieda auf deine Knia, knian muaßt, segn und glauben!"
Wäu des is scho so, des is wirkli woahr
und gaunz gwiss, dass es so is!
Dass des Büabl, wos ma do in dera Wiagn drinnan find,
der Erlöser der Wöd is, unsa heiliges Gotteskind!

Krampus-Gerassel

Der Krampus kommt mit großem Besen,
mit Gerassel und Gebraus:
Ein schwarzer Teufel, ein haarig´ Wesen,
so stürmt er hinein in manches Haus.
Die schlimmen Kinder will er schrecken,
damit sie braver werden dann.
„Vor allem die Buben, diese kecken!" –
Das nimmt sich vor der schwarze Mann.

Der kleine Michael, der Knabe spricht:
„Lasst ihn nur ins Haus herein.
Wenn ich den in der Mangel habe,
wird er sofort um Hilfe schreien!"
Doch als der Teufel plötzlich kommt,
mit Hörnern und mit langem Schweif,
da wird das Bübchen brav und fromm
und sagt sein Sprüchlein auf sogleich.

„Ich will", meint er, „gehorsam sein,
nie mehr die Katze ärgern und den Hund,
sie nicht mehr an den Schwänzen ziehen,
das ist für sie recht ungesund!"

Nun ist es vorbei, das Bübchen zittert,
der Krampus rasselt laut hinaus,
und von dem Hund schon lang gewittert,
kommt nun der heilige Nikolaus.
Er bringt den Kleinen manche Gabe,
die sie schon lange sich erträumt.
Doch der Michi meint: „Es wäre nicht schade,
hätte ich den Krampus heute versäumt!"

Der Weihnachtsbaum

Es schneit, es schneit,
durchs Tal so weit!
Der steinerne Brunnen und die Laube
tragen eine weiße Haube.

In der Laternen goldenem Licht
fallen Flocken kalt und dicht.
Auf den Straßen, Häusern, Wegen
häufet sich der frostige Segen.

Kirche, Schloss auf Bergeshöh´
umhüllet schon der Pulverschnee!
Wie im allerschönsten Traum
steht mitten im Ort – ein Weihnachtsbaum.

Geschmückt mit Kerzen weihnachtlich
durchbricht die Dunkelheit sein Licht.
Lasst uns nicht vorüber eilen,
einen kurzen Augenblick still verweilen!

Einstens hat die Heilige Nacht
uns das Gotteskind gebracht!
Wünschen wir, dass auf unserer Erde
Gesegnete Weihnachten –
Und auf der ganzen Welt Frieden werde!

Weihnacht

Weihnacht ist wie ein Gebet,
wie ein Stern am Firmament.
Eine Rose, die noch spät
blühet eh' der Frost sie sengt!

Wie das Wasser in dem Bach,
klar und rein so wie die Luft.
Wie die Schwalben unterm Dach
und des Flieders süßer Duft!

Wie ein fröhlich lachend Kind,
wie der Regen und das Licht!
Wie ein lauer Sommerwind,
eine Hoffnung, die nie bricht!

Wie ein kostbarer Kristall,
eine Kerze, die hell brennt.
Weihnacht ist: „Es kam einmal
das Kind in Bethlehem zur Welt!"

Am Waldrand

Oben am Waldrand steht still ein Reh
ein Reh
wie eine Figur aus braunem Stein
bewegungslos im tiefen Schnee
unter einer Tanne ganz allein!

Ein Bussard hat das Reh erschreckt,
rasch verschwindet es im tiefen Tann!
Der Vogel hat es unter einem Baum entdeckt –
vielleicht kommt es morgen zurück,
kann doch sein; dann oder wann?

Wer hat den Weihnachtsmann bestellt?

Wer hat den Weihnachtsmann bestellt?
Warum kam er in unsere Welt?
Wo kommt das Mannsbild jetzt daher?
Die Welt wäre ohne ihn nicht leer!

Knecht Ruprecht hat wohl ausgedient,
den kannte jedes brave Kind!
Mit Bart und Sack kann man nun schauen,
Den Weihnachtsmann, den alten Clown!

Auf Häuserwänden tut er hocken,
in roten Hosen, weißen Socken!
Allüberall ist er zu sehen,
in Supermärkten rundum stehen!

Das Christkind hat man hier versteckt,
es lehnt verschämt im letzten Eck!
Doch dieser Knilch, der alte Wicht
schwelgt ganz und gar im Rampenlicht!

Plärrt tags und nächtens sein "Ho ho" –
wenn er verschwände, wäre ich froh!

Aus dem Weihnachtszimmer

Aus dem Weihnachtszimmer
scheint ein heller Schimmer
durch den Spalt der Tür.

Leises Flüstern, Dielen knarren,
mäuschenstill die Kinder harren,
sitzen alle hier.

Hocken sittsam rund im Kreise,
Rolf, der Hund verhält sich leise,
nur die Katze schnurrt.

Aus dem Raume nichts zu hören,
Engel sollte man nicht stören,
irgend etwas surrt.

Plötzlich tönet leises Klingen,
einem Ton, gleich Glocken schwingen,
„Schau, die Tür geht auf!"

Kinder stürmen in die Stube
hurtig, flink so wie im Fluge,
kugeln sich zuhauf!

Knien dann vor der Krippe nieder,
singen mit den Eltern Lieder,
sprechen ein Gedicht.

Auf dem Baume brennen Kerzen
hängen Kugeln, Zuckerherzen,
warmes, helles Licht.

Draußen in der Winternacht
schwebt herunter lautlos, sacht
Schnee vom Himmelszelt.

"Weihnacht, Weihnacht!" schallt die Weise
Christkind ist schon auf der Reise,
kommt in unsere Welt!

Wo wohnt das Christkind?

Einst fragte mich ein kleines Kind:
„Weißt du, wo das Christkind wohnt?"
Von wo es herkommt so geschwind,
die braven Kinder reich belohnt.

„Mein lieber Schatz, was ich so weiß,
das Christkind – wie soll ich es sagen –
lebt in einem Palast aus blankem Eis,
und es fährt mit keinem Wagen.

Es gleitet durch das Sternenmeer,
über Stock und über Stein.
Kommt mit einem Schlitten her,
mit Geschenken, nicht allein!

Rentiere sind vorgespannt,
laufen über Berg und Hügel,
und mit fester sicherer Hand
hält das Christkind die goldenen Zügel.

Englein Weihnachtslieder singen,
fliegen fröhlich, hurtig, munter!
Mit ihren federweißen Schwingen
schweben sie vom Himmel runter.

Kommen in der Heiligen Nacht,
niemand soll sie sehen und hören!
Nähern sich fast lautlos sacht,
Menschen dürfen sie nicht stören!

Frühmorgens reisen sie zurück,
in die Ewigkeit, weit hinterm Mond.
In meinem Traum hab´ ich sie erblickt –
Dort ist das Schloss,
in dem das Christkind wohnt!"

Engelsflügel

Es breitet der Schnee seine Decke aus,
wohl über das ganze Tal.
Kalt umhüllet er jedes Haus,
fällt aus dem himmlischen Saal.

Sinkt langsam zur Erde, leise und sacht,
auf Büsche und Bäume, den Wald.
Die Tage sind kurz, viel länger die Nacht –
Das Jahr endet zügig, schon bald.

Nun breiten die Engel ihre Flügel aus,
im Advent in der stillen Zeit!
Lichter glänzen von Haus zu Haus –
Weihnacht ist nicht mehr sehr weit!

Der Wald

Es ist derselbe Wald,
in dem des Sommers Düfte ruhten!

Der gleiche Tann,
in welchem grünen Moos
die gelben Pilze wuchsen!

Jetzt schläft er unter einer weißen Decke.
Dort bei der Krippe an der salzigen Lecke
sehe ich nun Hirsch und Rehe gehen
und Busch und Baum im weißen Mantel stehen.

Es ist derselbe Wald.

Weiße Sterne

Leise, leise weiße Sterne
fallen still zur Erde nieder.
Und das Tal erwartet wieder
eine friedlich schöne Zeit.

Glänzen Lichter, leuchten Kerzen
in den Stuben im Advent
und in allen Kinderherzen
freudige Erwartung brennt!

Gottgeweihte Glocken klingen,
Lieder durch die Lüfte schweben,
weihevolles hehres Singen –
Töne wie aus Engels-Kehlen.

Weihnacht, Christmas singt der Chor,
und wir lauschen dem Gesang.
Schneegestöber vor dem Tor,
draußen schneit es dicht schon lang!

Träume mit mir zur Weihnachtszeit

Komm, reich mir Deine Hand,
träume mit mir vom Weihnachtsland.
Am Himmel tanzen Sterne einen Reigen,
während Kinderwünsche nach oben steigen.

Sieh her, die schönen Spiele, Sachen,
Puppen sprechen, weinen, lachen.
Engel, welche sich auf roten Abendwolken wiegen,
hernach mit dem Christkind zur Erde herab fliegen.

Komm, entzünde mit mir vier Kerzen am Kranze,
warm scheinen die Lichter, sie flimmern und tanzen.
Lass uns doch träumen, so wie es uns gefällt,
von Bethlehem, dem Christuskind,
vom Frieden auf der Welt!

D´ Frau Holle hot ka Zeit

Schön is heuer der Advent,
auf und auf a Lichterl brennt.
Sterndln siachst net nua aum Himmel,
überoe is a Getümmel.

Lichterketten glänzen, flimmern,
Vorhänge, die leuchten, schimmern.
Aum Christkindl-Moarkt geht´s lustig zua,
bis Mitternocht ist durt ka Ruah!

In den Standln schöne Sochn,
Weihnachtsmänner, de laut ho ho lochn!
Christbaamkugeln, Weihnochtsschmuck,
schaut ma umadum und z´ruck.

Olles, wia für am beschdöd,
kauen kaunnst, waunns reicht dei Göd!
Hölzerne Krippe mogst duat finden,
vielleicht geschnitzt aus aner Linden?

Zuckersochen, Lebkuchenstern
essen net nur die Kinder gern!
Christbamkerzen, Tannenbam –
an davon trogn mia uns ham!

Punsch und Glühwein gibt´s zum Trinken,
doch uns tuat der Sandmann winken!
G´schwindigst zoen mia unsan Bam,
rechtschoffn müad gemma hiazt ham!

Oba ans geht uns scho o:
Heuer ist ka Schnee no do!
I man, d´ Frau Holle hot ka Zeit,
wäu´s bei uns ka bissal schneibt!

Der Muff und der Weihnachtsvorhang

Als Kind habe ich mich sehr auf das Christkind gefreut, auf ein Christkind, welches beim Fenster herein geflogen kam, aber nur von den Eltern zu sehen war. Die Vorweihnachtszeit war damals voller Geheimnisse und Wunder.

Ein Briefchen mit den kleinen Wünschen von mir, das ich immer eine Woche vor Weihnachten auf das Fensterbrett gelegt habe, war am nächsten Tag verschwunden …

Damals konnte man vor dem Heiligen Abend keinen Christbaum in den Auslagen der Geschäfte sehen. Damals war alles ein Warten und Hoffen, dass das Christkind, so man brav war, einen Christbaum mit Süßigkeiten, glänzenden Glaskugeln und brennenden Kerzen bringen würde.

Ich wünsche mir neue warme Socken und Fäustlinge, auch eine gestrickte bunte Haube, die fast immer unter dem Weihnachtsbaum für mich lagen – und ein Buch, welches das Christkind nie vergessen hatte. Holzklötze mit Märchenbildern darauf sowie ein Muff waren einmal die große Überraschung für mich!

Heutzutage wissen die wenigsten Leute, was ein Muff ist! Mein Muff war ein Handtaschen-großer Schlauch, innen mit Hasenfell und außen mit Stoff überzogen. Ich trug ihn mittels eines Bandes um den Hals, und er hing mir bis zur Mitte meiner Vorderseite. Man konnte ein Taschentuch darin verstauen – und zum Händewärmen war er einfach herrlich!

Nur ausrutschen auf schneebedeckter Straße war dann nicht so gut, weil man die Hände nicht schnell genug aus dem Muff heraus bekam und mit dem Gesicht in den Schnee fiel …

Der Nachbarsbub, der wohl nicht viel von dem Muff hielt, meinte dazu: „Jetzt hot´s dich hoed wieda amoe wegn dem Glumpert auf die Goschn g´haut!"

Einmal, ich kann mich noch genau erinnern, bekam ich vom Christkind einen wunderschönen neuen Pyjama. Das war schon etwas Besonderes, weil ich die alten, bereits getragenen aber noch einwandfreien Nachthemden von meinen älteren Schwestern auszutragen hatte.

So freute ich mich königlich über das neue, hübsche Nachtgewand!

Nur als dann am Küchenfenster aus dem gleichen geblümten Stoff ein Vorhang hing und sich in der Nähschatulle meiner Mutter Stoffresterl von eben diesem und meinem Pyjama befanden, kamen mir erste Zweifel an dem fliegenden Christkind und die in der himmlischen Werkstätte für mich gemachten Weihnachtsgeschenke!

An das in Bethlehem geborene Christuskind glaube ich natürlich noch immer!

Es fällt der Schnee

Es fällt der Schnee, als müsste er eilen,
in großen Flocken dicht und kalt,
´s schneit ohne Pause, kein Verweilen,
deckt Wiese, Felder und den Wald.

Schluckt jedes Licht auf Wegen, Gassen,
nieder sinkt die Winternacht;
still wird es auf den glatten Straßen,
merklich wächst das Eis im Bach.

Von dem Berg her Glocken klingen,
weithin über das Pittental,
mächtig sie im Kirchturm schwingen,
Weihnacht, weihnachtlicher Schall!

Leise flüsternd fallen Flocken

Leise flüsternd fallen Flocken
aus des Himmels Federwolken.
Auf die Wiese, auf den Wald –
Und nun wird es auch schon kalt!

Nach Hause eilen Mädchen, Buben
in die warmen hellen Stuben.
Derweil in dieser Winternacht
wächst draußen diese weiße Pracht!

Stille wird es in den Gassen,
selbst der Marktplatz dünkt verlassen!
Schnee bedeckt den Lichterbaum,
zauberhafter Wintertraum!

Drinnen in dem warmen Zimmer
bei dem lichten Kerzenschimmer
duftet es nach süßen Sachen;
Kinder spielen, singen, lachen.

Gemeinsam wird ein Kranz gebunden,
ein rotes Band herum gewunden.
Wenn es dann ruhig wird im Haus,
löscht man alle Lichter aus!

Noch immer fallen dichte Flocken
aus des Himmels Federwolken,
decken den Ort allmählich zu.
Talauf, talab herrscht Friede, Ruh´.

Wie Zuckerwatte

Auf den Bergen rings umher
liegt wie Zuckerwatte Schnee,
fällt auf die Bäume, nass und schwer,
stetig, leise aus der Höh´.

Dunkel wird es in den Straßen,
s´ leuchtet nur der Weihnachtsbaum.
Doch auch er wird bald verblassen,
der Ort versinkt im weißen Traum.

Das alte Jahr

Das alte Jahr sagt uns „Good bye" –
die Tage eilen rasch vorbei.
Nur wenige Minuten noch,
Vergänglichkeit heißt der Moloch!

Er schluckt die Zeit,
er hält sie fest;
Glück, Freude, Leid –
den letzten Rest.

Ein neues Jahr kommt blitzgeschwind,
zügig, rasant und wieselflink.
Ehe man dafür sich macht bereit,
ist schon ein Teil Vergangenheit!

Eine einsame Spur

Es tragen die Bäume am Schnee so schwer,
die alten Eichen knarren im Wind.

Ihre Äste sind nackt, so feucht und leer,
dunkle Wolken eilen geschwind!

Schneeflocken wirbeln eiskalt und dicht,
weiß färben sie Wald und Flur.

Langsam wird´s dunkel, im diesigen Licht
zieht ein Wanderer seine einsame Spur.

Im Traum

Im Traum sah ich einen Stern,
einen Stern, funkelnd und licht;
er folg herbei von fern
aus fremder Galaxie.

Auch erblickte ich ein Kind
und Hirten auf dem Felde.
Engelsstimmen hörte ich im Wind,
auch einen Hund, der bellte.

Ich sah in dieser Nacht
das Kind im Stall ankommen.
Und als ich dann erwacht,
habe ich es noch vernommen.

Ganz nahe hörte ich es klingen,
mit wundersamer Pracht.
Am Turm die Glocken schwingen –
Es ist Weihnacht, die Heilige Nacht!

Meine Tage

Im Garten steht ein Tannenbaum,
gekauft wurde er vor Tagen.
Ob ich ihn stelle in einen Raum,
vermag ich nicht zu sagen.

Mein Lieb, welches nicht mehr bei mir weilt –
Es ist mir weg gestorben,
die Freude mit ihm fort geeilt,
alle Fröhlichkeit verdorben!

Was geschieht nun mit dem Weihnachtsbaum,
soll ich ihn doch noch schmücken?
Einst war es wie ein schöner Traum,
du halfst mir mit Entzücken.

Viele Kerzen brachten uns ein Licht,
wir sangen Weihnachtslieder.
Zärtlich hast du dich an mich geschmiegt –
Ich erlebe das nicht wieder.

Was mache ich nur mit dem Nadelbaum –
Was würdest du wohl meinen?
Stell ich ihn in den Weihnachtsraum –
Werde ich bei seinem Anblick weinen?

Vielleicht blickt deine Seele her,
sie sieht, wie ich mich plage;
mein Leben ohne dich ist schwer,
einsam sind meine Tage!

Während es vom Himmel schneit

Schnee fällt auf das steile Dach,
rutscht hinein ins Regenfass,
fallen Flocken auf die Wiese,
auf das Köpfchen von der Liese.

Übern Berg her mehr und mehr
treibt der Wind den Schnee einher;
ruhig wird es auf den Straßen,
wenige Menschen in den Gassen.

Auf dem Marktplatz in der Mitte,
in einer kleinen hölzernen Hütte,
hat der Maronibrater seinen Stand,
gleich daneben an der Wand.

S´ wird jetzt Glühwein ausgeschenkt,
und am Brunnenbogen hängt
ein Weihnachtsstern mit hellem Licht!
Eisig kalt, unendlich dicht –

Von dem hohen Himmelszelt
Wirbeln Flocken still zur Welt.
Nun ertönet eine Weise,
klinget lieblich, sanft und leise.

Aus dem offenen Kirchentor
vernimmt man einen Kinderchor.
Singen von der Weihnachtszeit,
während es vom Himmel schneit!

Übers Himmelszelt

Ein Stern zieht übers Himmelszelt,
erleuchtet nun die dunkle Welt.
Ein Schlitten folgt ihm strahlend weiß,
aus Schnee geformt, glasklarem Eis.

Vier Rentiere vorne angespannt,
gelenkt von Christkinds zarter Hand.
So fährt man ohne Atempause
zum Märchenfest, der Weihnachts-Sause.

Man schlittert flott zum Großen Bär,
quert rasch die Milchstraße – nicht allzu schwer.
Und ehe jemand daran gedacht,
kommt man zur Erde in dieser Nacht.

Hier warten aufgeregt die Kleinen,
bei Lichterglanz und Kerzenscheinen
allüberall in jedem Haus
geht nun das Christkind ein und aus.

Menschen haben es niemals erblickt,
soviel sie auch schauten, es ist nie geglückt.
Ein Märchen, so ist es, für Kinder allein,
so soll es für diese auch in Zukunft sein!

Vieles erdacht, doch unleugbar wahr,
geschehen vor ungefähr zweitausend Jahr´
in Bethlehem damals, in schwieriger Zeit,
machte ein Kind sich wahrhaftig bereit.

Im Stalle geboren, von einer Jungfrau gebracht,
in dieser geweihten hochheiligen Nacht.
„Christus, der Retter", so hört man allerorts singen,
möge er der ganzen Welt
endlich den ersehnten Weihnachtsfrieden bringen!

Wenn vom Berg her …

Wenn vom Berg her Glocken klingen,
und der Schnee fällt leise und sacht,
erblicke im Geist ich Engelsschwingen,
rasch nähert sich die Heilige Nacht!

In den Häusern brennen Kerzen,
Lichter leuchten weit und breit,
und die vielen Kinderherzen
fühlen schon die Weihnachtszeit.

Wenn die Weihnachtsglocken klingen,
tönen durch das Pittental,
wenn die Menschen fröhlich singen,
Lichter brennen ohne Zahl.

Dann kommt das Christuskind zur Erde,
auch zu uns, in unsere Zeit –
damit für alle Menschen Frieden werde,
hält sich das Gotteskind bereit.

Heilige, geweihte Nacht

Über dem Himmel Wolkenheere,
Seegelboote auf dem Walhalla-Meere.
Stille, heilige, geweihte Nacht
aus der Wolken dunkler Pracht.

Gleiten weiße frostige Sterne,
kommen aus Weltalls Ferne,
hüllen das Tal in kaltes Linnen,
und es versinkt in hehres Sinnen!

Aus den Häusern schimmern Lichter,
liest man Märchen und Gedichte.
Kinderlachen erklingt wieder –
auch das Singen frommer Lieder.

Bratäpfel und Tannenduft
durchziehen nun die Winterluft.
Währenddessen wie Engelsflügel
bedeckt der Schnee schon Wald und Hügel.

Knecht Ruprecht

Liabe Leut´, ihr könnt es euch denken,
jedes Joahr kumm i daher.
Muaß die Kinder auf der Wölt beschenken,
ollewäu des sölbe G´scher!

Übern Wold kaunn i just hatschn
Durch den tiafn koltn Schnee.
Mit olte Stiefel, feuchte Latschn,
lausig kolt blost´s von der Höh´.

Bin grod nimmamehr so jung,
der schwere Sock mi aum Buckl druckt.
Jo, früha woar i no in Schwung,
fünfhundert Jahrl is des z´ruck!

In meine Fiaß hob i de Gicht,
laung kaunn i des G´schäft net mochn;
in da Finstan ohne Licht,
des is wirkli net zum Lochn!

Glaubt´s s´mia, maunches moe könnt i grod wanen,
große Wünsche, sakra dix;
teure Sochn wolln heut a de Klanen –
olle Joahr, und des grod fix!

An Computer, kaunnst dir denken,
natürli a Handy unterm Bam,
soll i an jeden Knirps glei schenken –
und des Glumpert muaß i zahn!

Hoch überm Berg, himmelwärts durt,
beim Felsenkamm, von durt kumm i her.
Oba des, liabe Leut, müaßt ihr mia glauben:
„Es weihnachtet schon sehr!"

Des oide Joahr

Des oide Joahr, es ist bold aus,
vergaungen g´schwind – du denkst: „Oh Graus!"

Die Jahrl fliagn und hopp hopp hopp
verrinnt dein Leben im Galopp!

Erinner´dich, wia olles woar,
schön g´mischt hot Leid und Freid des Joahr!

De Kinder hobm dir brocht vü Glick –
A maunchen Ärger, Missgeschick!

Des is holt so, doch waunn ma g´sund,
is´zum Vazogt sei goar ka Grund!

Es hüft jo nix, waunn ma stets brummt –
Des Oide geht, wos Neies kummt!

Drah deine Augen vorwärts froh –
wia´s nochher wird – du packst es scho!

Der rosa Christbaam

A rosa Christbaam soll es werd'n,,
amoe wos B'sonders, hoch modern!
Ma muass doch mit gehn mit der Zeit
wäu am wos Neich's hoed besser g'freit!

Rosa Kugeln, rosa Glocken,
stott Silberketten - Engellocken.
Aum rosaroten Tannenbaam
zünd ma zwanz'g rosa Kerzerl an!

Vüü Sterndlwerfer müassn her
und scho beim Singen knistert 's sehr!
Es glosen prompt de Tannennadel,
de rosaroten Zuckerradel!

Des Engelhoar flaummt auf, tuat brenna,
den Dackel hört ma aussi renna.
Mit Wossa tuat de Mamma schupf'n,
den Papa siachst zum Baam hin hupf'n.

Schmeisst eahm flott obi vom Balkon,
der rosa Besen fliagt davon!
Es zischt im Schnee, de Kinder schrein,
so lustig kaun 's zur Weihnocht sein!

Im Goarten woartet schon da Hund,
fia den woar Weihnochten net gsund!
Zu guada Letzt hot er zum Schluss,
no' d' waache Schokolad verputzt!

A Baam is wia da Aundere

Da Buagamoasta sogt zu d' Leut':
"Heut hätt' ma richtig amoe Zeit,
holt's gschwind aan Christbaam in da Fruah'
und nehmt's den Traktor fia de Fuhr!"

"In dera Siedlung, de find's gwiss,
wo vor aan Haus a Tannen is!
De Frau möcht uns ihr'n Baam spendier'n,
zum Feuerwehrhaus tuats eahm hinführ'n!"

"Mocht's olles sauber und adrett,
sunst gibt 's am End a dummes G'red'!
"Is guat" so sogn de braven Mauna
und san de Soch sofurt aungaunga!

Mit Leidenschoft und mit Elan
haum s' um g'schnitten aan Tannenbaam!
Der g'wochsn is durt bei aan Haus,
gleich, schaun jo olle Tannen aus!

So ähnlich wia si' Zwilling san,
a Baam bleibt ollewäu a Baam!
Nur "der Baam" woar des sicher net,
zwaa Häuser weiter er no steht!

Und wos dem „Einen" a Verlust,
des is de „Aunderen" a Frust!
Sei Baam kaun wochsn no a Joahr
bis nächste Weihnocht', vor sein Tor!

Durt, wo er fehlt, haums a ka Freid,
um den Baam tuat´s eahna leid.
Sie haum eahm gern g´hobt vor dem Haus,
hiaz schaut es durt gaunz nockert aus!

Nau im Advent kaunn ma´n no segn,
vorm Feuerwehrhaus tuat er jetzt stehn!
Der Baam, um den ma nochi flennt,
nur – noch Weihnochtn wird er vabrennt!

Schnee

Der Schnee foilt flott beständig her,
legt auf die Baam si kolt und schwer.
Den Häusern setzt er auf a Haub´m,
gupft klaane Hauferl auf den Zaun.

Schneibt goar dem Hofhund in sei G´sicht,
deckt der Latern´fost zua ihr Licht!
Waht über d´Föda, übern See,
kummt ollwäu dicker von der Höh´!

Fruahzeitig wird es finsta schon,
um viere geht der Tog davon.
An Zug hört ma, er schnauft durch d´Nocht,
mit letzter Kroft hot er´s no g´schofft!

Hiazt treibt´s de Flocken quer voraus,
der Wind, er winselt rund ums Haus.
Glott wern de Stroßn, leer und schtüü,
nur´s Wetter tobt si aus wia´s wüü!

Winterabend

Rot fällt die Sonne hinter den Berg,
vom Winde hochgewirbelte Schneefahnen
werden über gefrorene Felder getrieben,
decken in Wellen die Spur des flüchtigen Rehes!

In schwindelnder Höhe über dem Bach
segelt laut krächzend mit gespreiztem Gefieder die Krähe.
Lässt sich tragen, taumelt vom Sturm gejagt dahin
wie ein Blatt Papier, wie eine leblose Sache!

Grauer Dunst umhüllt die Fabrik,
und ein silberner Mond durchleuchtet das Tal.

Es schneibt

Es schneibt seit viere in der Fruah',
schön laungsam wird Olles weiß.
Boed deckt´s de Wiesen richtig zua,
beständig dicht und leis'.

Den Vogerln muass ma Futter geb'n,
glei noch dem Aufsteh'n und gnua.
Im Winter haum s' a hoartes Leb'n,
sie fliagn in Schoar'n zua!

Der Schnee foed owa miasaldick,
's treibt eahm in Flocken her.
Vawischt des öftern jede-Sicht,
is potzig, noß und schwer!

In da Stub'n drin spürt man 's bacherlwoarm,
vier Kerzen bringen Licht.
Heut' san de Kinder blieb'n dahoam
und d' Oma lest a G'schicht!

Von Bethlehem, von so aan Stern,
von den Hirten auf der Woad.
Vom Christuskind, dass man einst fern
mit Sehnsucht hot erwoart'.

Der Frieden kehrt in d' Herzen ein,
recht ruhig wird 's im Haus.
Draußt schneibt 's nur schütter mehr,
so fein - auf amoe hört es auf!

Der Heiligenschein

Man kaunn heut' Vieles, wos man möcht'
sich kaufen, wenn man 's gerne hätt'.
Obwohl aus Holz wir hatten eine schon,
hob' ich mit meinem Enkelsohn
eine Weihnachtskrippe bastelt, aus Papier.

"Gelt," sagt der Klaane, "die g'hört dann mia!"
Wie ich den Josef grod ausschneid',
der Bua pickt eahm z'saum, des mocht eahm Freud'.
Do frogt er: "Oma, sag' warum,
ich weiß das nicht, ich bin noch dumm,
warum hat der einen Heiligenschein?"

"Jöh schau, das klaane Engelein
und auch das Christkind hat ihn auf,
warum am Kopf, weshalb nicht um den Bauch?"
"Sag' Oma, passert der auch dir
wenn du einen hättest, es g'fallert mir!"

Mir steiget 's Wossa in meine Augen,
drauf tröstet mich der klaane Maunn.
"Ach sei nicht traurig, Omilein,
was macherst du mit so einem Schein?"

"Er tät' vielleicht am Kopf dich druck'n,
beim Kochen flackern oder zuck'n,
hob' dich auch ohne Schein so gern!" –
Und seine Äugerl leuchten wia zwaa Stern'!

Oh du grüner Tannenbaum

Mir haum no oewäu keinen Baum
für unsern schönen Weihnochtsraum!
De Zeit verrinnt, 's ist nimma weit
bis hin zur ruhigen, friedvollen Zeit!

A Tanne hätt' i mia gedocht,
wäu die sich eleganter mocht!
Aa net so stachlig spitzig ist,
wia sunst der aundre grüne Mist!

Im Supermoarkt in großen Massen
stengan de Baam bis auf de Gassen!
Noch laungem umanaunder suach'n,
mei Gatte faungt grod aun zum Fluach'n.

Hob ich mich endlich doch entschied'n,
eahm is oes recht, er wüü sein Fried'n!
Noch Zentimeter geht da Preis,
fia s'Auto is er z'laung der Sch...!

Drum nix wia wiederum zurück,
ma schneidt uns oo a schönes Stück.
Des Stückerl schenkt man uns dazu,
zoed haum man eh, ma wüü sei Ruah!

Dahaam wird herrlich er geschmückt,
der Baam ins rechte Eck gerückt.
Aum heiligen Ob'nd singan mia Lieder,
von Weihnacht, welches kam schon wieder!

Vom Schnee, der rieselt wie im Traum,
im Zimmer rieselt leis der Baum!
Die ersten Nod´ln, spitz und grün,
sie folln herob – wo bleibt wird dünn!

Oh du mein grüner Tannenbaum,
i glaub, du bist a Kindertraum.
Ois Kind hot bis zur Osterzeit
dein grünes Kleid mich noch erfreut.

Heute is des nimmer in –
noch aaner Wochn bist du hin!
Bist du amoi so dürr wia Stroh,
ma passt net auf – glei brennst am oo!

Der Christbaam

"Ich bitt", sogt die Bäuerin in der Fruah',
"mein lieber Gatte, hör mia zua!
Waun du einen Christbaam holst,
vielleicht noch heut', daun sei so guat
und moch mia de Freud'!
Bring uns net wieder haam a Staud'n,
amoe möcht i aan Schönen haum!"

Es is jo wirkli goar a Schaund,
nur unserer, der muass aun d' Waund.
Dem föön doch oewäu a poar Äst'
bereden scho de Weihnachtsgäst'!
Der Bauer brummt: "Mhm, soso" und boed,
tuckert er mit dem Traktor furt in den Woed.

Schaut sich seine Baam' aun,
 marschiert kreuz und quer,
es foed eahm sehentlich recht schwer!
Durt steht a' Tannen, um de is schod',
die is auf g'schossn kerzengrod'.
Draus wird a herrlich schlanker Baam,
na den bringt er gewiss net haam!

Do drüb'n, des Fichterl, loß' moe segn,
kaun ma vergess'n, vüü zu schön!
A' aunderer Baam is eahm zu g'sund,
er rennt scho um dreiviertel Stund.
Zuletzt hot er sich doch entschieden,
jetzt baungt er um sein' Weihnachtsfrieden.

Denn wos er z´Haus bringt, schtölt zua Tüa,
des kummt bekaunnt eahm, söltsaum fia!
„Mei!", schreit sei Frau, „mi trifft der Schlog!
Der Christbaam nur drei Seiten hot!"
Wos nutzt´s, waunn i mi nau so schreck´ -
den tua i wieda hint´ ins Eck!"

Weihnachtsglocken

Glocken klingen durch das Tal
in der Heiligen Nacht,
in den Häusern überall
sind noch Menschen wach.

Stille Nacht, du Heilige Nacht,
bist nicht wie die anderen Nächte!
Engel halten in dir Wacht,
und mir ist als brächte –

Wiederum in einem Stall
Maria uns das Gotteskind!
Dies geschähe noch einmal –
hoch am Turm die Glocke singt!

Hirten wähnte ich vor dem Tor,
knieten auf der Erde nieder,
und ein hehrer Engelchor
sänge fromme Lieder.

Auch ein Stern zög´ - dünkt mich – hin,
den drei Königen voraus.
G´rad so kommt´s mir in den Sinn,
Still – die Glocken schwingen aus!

Ein Lächeln

Es läuten die Glocken, sie rufen durch das Tal:
„`S ist Weihnacht, ´s ist Weihnacht allüberall!"

Aus dem Kirchentor tönet von weitem Gesang,
die Gläubigen eilen hurtig heran.

Das Kind in der Krippe, auf Heu und auf Stroh,
so schien es mir plötzlich: Es lächelte froh!

Das Kind ist aus Holz, das kann doch nicht sein –
gewiss war es nur der flackernde Schein
von der Kerze in meiner zitternden Hand.

Ich schrecke zurück, stell´ mich zur Wand,
nach einer Weile blicke ich wiederum hin –
nun blinzelt´s mir zu und nickt mit dem Kinn!

„Du glaubst an kein Wunder, ich sehe es dir an!
Hör´ mir gut zu und denke daran:
Auf der Welt sind nicht alle Menschen so froh
wie g´radewegs hier - ´s ist nicht allerorts so!

Nun knie dich schon nieder!" – und es lächelt nochmal,
das Kind in der Krippe im hölzernen Stall!

Um mich herum klingt es von der Heiligen Nacht,
dem Wunder, das wieder einmal vollbracht!

Und vom Turme hoch oben, mit ehernem Klang,
jubeln die Glocken: „`S ist Frieden im Land!"

Das Christuskind

Auch in diesem Jahr kommt
am Heiligen Abend
das Kind hernieder.

In eine Welt voll Hass und Neid,
voll Reichtum, Armut, Hungersnot –
voll Überfluss, voll von Krieg und Tod –
und dieses Kind kommt immer wieder!

Kommst du noch zu uns?

Kommst du noch zu uns
du kleines Christuskind?

Du brauchst keine Angst zu haben –
Wir schlagen uns die Schädel nicht mehr mit Keulen ein,
wir nicht!

Wir sind schon viel spezialisierter!
Wir können, so uns dieses gefällt,
deine herrliche Schöpfung mit einem einzigen Knopfdruck
in eine Gluthölle verwandeln!

Kommst du noch zu uns?

In diese deine Welt,
in der täglich ungezählte Menschen
den Hungertod erleiden!

In der noch immer
Menschenrechte mit Füßen getreten werden.
In der Kriege toben, die keiner verstehen kann –
so man Kriege überhaupt begreift!

Wirst du wiederkommen?

Der Spielmann

Große, grüne Tannenbäume
„Spiele, armer alter Mann!"
Spiel von deinen Weihnachtsträumen
zeig' uns, was die Geige kann!"

Spiele von der Nächstenliebe
von dem Wunder in dem Stall.
Spiel' im dichten Schneegetriebe
vielleicht hilft man dir einmal!"

Krampfhaft hält die klamme Hand
den eiskalten Fiedelbogen.
Auf den Greis dort an der Wand
fallen Flocken dicht von oben!

Leer der Platz, so öd' die Gassen
„Spielmann, spiel' die Melodie!"
Bist du einsam und verlassen -
deine Geige singt wie nie!

Als der letzte Ton verklungen
fällt der Bogen in den Schnee.
Von der dunklen Nacht umschlungen
erlischt des Spielmanns Schmerz und Weh!

Jedoch bevor sein Auge bricht
erblickt er einen Engel Chor.
Ihn umfängt ein strahlend Licht
aus dem offenen Himmelstor!

Ein weißer Traum

Als wäre es ein schöner Traum,
Weg und Stege voll von Schnee.
Allüberall ein weißer Flaum,
fiel des Nachts aus weiter Höh´.

Legte sich auf Wald und Wiese,
auf das alte Hüttendach,
bedeckte kalt das Haus der Liese,
still und stetig, lautlos, sacht.

Durch das Tal, wie eine Schlange,
bahnt der Zug sich seinen Weg.
Am nahen Waldrand steht schon lange
still, bewegungslos ein Reh.

Wintertage, Winternächte,
das Christkind wartet vor der Tür!
Wenn es der Welt doch Frieden brächte –
allen Menschen, dir und mir!

Draußen vor der Tür

Draußen rumpelt´s an der Tür,
Schneemänner stehen auf den Stufen.
Zählen kann ich: „Zwei, drei, vier!"
Plötzlich höre ich sie rufen:
„Ach, wir wollen auch ins Haus,
uns zum warmen Ofen setzen!"

„Ob das gut geht?" denkt die Maus –
und sie flüchtet voll Entsetzen!
Richtig watscheln sie jetzt los,
auch der Kleine mit der Mütze.
Und nach einer Stunde bloß
schwimmen in der großen Pfütze:

Vier Karotten, gelbe Rüben,
ein paar Kohlen, Hüte, Pfannen.
Wären draußen sie geblieben –
nun sind fort sie – flugs zergangen!

Schneeflöckchen

Schneeflöckchen sitzt auf der Fensterbank,
frostig und weich, flaumweich schon lang.
Vom Winde verweht, dorthin getragen –
was es da soll, wer kann das schon sagen?

Schneesternchen sitzet am kalten Stein,
ein bisschen verloren, so gänzlich allein.
Als dann frühmorgens die Sonne erwacht,
nach dieser langen eisigen Nacht –

War´s um das weiße Sternchen geschehen –
nur noch ein Tröpfchen Wasser zu sehen!
Schneeflöckchen saß auf der Fensterbank,
einige Stunden und eine Nacht lang.

Es gibt das Christkind!

Vergangen längst der Kindheit Jahr',
denk ich daran, wie 's damals war.
Als mich Mutter an der Hand
führte in das Weihnachtsland!

Zeigte mir den Winterwald -
und obwohl es eisig kalt,
roch die Luft so gut und rein.
"Pst!" sprach Mutter, „horch, wie fein!"

"Klingt ein Glöckchen silberhell
und dort an der Krippe schnell
steht das Christkind mit dem Reh."
Mutter hob mich in die Höh'!

Das kleine Reh sah ich dort stehen,
doch kein Christkind konnt' ich sehen!
Fortgeflogen mit dem Wind,
der wie Glockenläuten singt!

"Engel", hab' ich gleich gedacht,
"fliegen halt nur in der Nacht!"
Um das Christkind zu erschau'n,
das dort hinter'm Tannenbaum.

Bin vielleicht ich noch zu klein
oder soll es gar nicht sein.
Denn wie ich mich auch wand und drehte,
keinen Engel ich erspähte!

Rasch hat Mutter sich gebückt,
da erblickt´ich hoch beglückt –
ein goldnes Haar in ihrer Hand,
welches sie am Boden fand!

Also gibt´s das Christkind doch! –
Daran glaub´ ich heute noch!

Ich ging in den Wald

Ich ging in den Wald, um Reisig zu holen,
nun sah ich voraus hinter´m Baum ganz verstohlen:
Ein Engelein mit zwei Pferdchen und Schlitten,
darinnen saß lächelnd das Christkind inmitten!

Um mich herum klang helles Gebimmel
der Glöckchen vom Schlitten, rundum ein Gewimmel.

Von Sternchen und Lichtern,
ich stand bei dem Baum.
Da weckte mich Mutter –
Es war nur ein Traum!

Der Schneemann Leopold

Einst ging der Schneemann Leopold
auf eine große Reise.
Er rutschte gleich den Hang hinab
und rodelte auf dem Eise.

Ein Haus sah er und dachte schon:
"Dort rauchet ein Kamin!"
Gehört hat er schon oft davon,
rasch ging er da mal hin!

Eine Meise zwitschert, "Leopold,
das ist doch nichts für dich!
Die Wärme ist dir gar nicht hold
und du schmilzt jämmerlich!"

Doch Leopold, der lachte nur
und grinste ganz gemein.
Von ihm blieb bloß eine nasse Spur,
er hat zu viel geweint!

Die Schneefrau Anneliese

Auf der großen Rodelwiese
steht die Schneefrau Anneliese.
Hat zwei Kohlen-Augen fein,
um den Bauch ein Schürzelein.
Auf der Brust da pickt ein Knopf,
und am Kopf trägt sie den Topf.

Kinder haben sie gebaut,
oh, wie lustig sie ausschaut.
Ihre Nase ist eine Rübe,
denkt ein Hase: "Ach ich liebe
diese Schneefrau, voller Freud`
nur ihr Näschen ist so weit!"

Schau, Frau Sonne scheinet helle,
Anneliese schmilzet schnelle.
Ihre Rübe rutscht herunter.
Unser Häschen hüpfet munter,
läuft herbei das Rübchen essen,
Annelies` hat es vergessen!

Der Zwetschkenkrampus Willibald

Dem Zwetschkenkrampus Willibald
hoch auf dem Tellerbord,
dem war auf einmal schrecklich fad –
er wollte von da fort.

Vom Küchenkasten hüpfte er
und kollerte herab.
Er schlug dabei zwei Purzelbäume,
stürzte kopfüber ab!

Schnell zählte er seine Zwetschken nach,
ob er auch wirklich heil?
Eine Pflaume fehlte, er wurde schwach –
zu kurz war jetzt sein Bein!

Es weint der arme Willibald
gar bitterlich und sehr.
Er hat nur mehr ein halbes Bein,
das kränkt ihn gar so sehr!

Du kleiner süßer Zwetschkenmann,
verliere nicht den Mut!
Man hat dich doch zum Fressen gern –
Mir schmeckst du auch so gut!

Winterweißes Pittental
(Lied-Text)

Flockentanz aus Himmelsferne,
federleichte, schneeige Sterne,
wirbeln, segeln auf die Welt,
bedecken Baum und Strauch, das Feld.

Freude kehret in die Herzen,
in den Häusern brennen Kerzen,
denn es kommt das Gotteskind
zu uns, die wir Christen sind.

Wollen wir es recht empfangen
und erwarten mit Verlangen!
Weihnacht, Weihnacht überall
im winterweißen Pittental.

Aus dem Ring der Sterne

(Lied-Text)

Wenn der Schnee hernieder fällt,
weiße kalte Sterne,
fliegen Englein auf die Welt,
kommen aus der Ferne –
aus dem Ring der Sterne.

Liebe Englein kehret ein,
kommt in unsere Kreise.
Wollen mit euch fröhlich sein,
singen eine Weise –
klangvoll zart und leise.

Singen von dem Jesuskind,
fromme, frohe Lieder.
Schwingt euch her zu uns geschwind,
steigt herab, hernieder –
Weihnacht wird es wieder.

Alle wollen wir der Welt
unsere Lieder bringen.
Und den Menschen, den´ ´s gefällt,
nur vom Frieden singen –
euch den Frieden bringen.

Irgendwo

Irgendwo fährt immer ein Schiff,
irgendwann brennt ständig ein Licht,
irgendwer geht rasch seinen Weg,
irgendwas läuft leis' überm Steg.

Immerdar leuchtet ein Stern,
immerzu strahlend und fern,
immerhin Millionen von Jahr',
immerfort glänzend und klar.

Wiederum kommt die Heilige Nacht,
wieder einmal mit Glitzer und Pracht!
Wiederkehrend behende und flink –
wieder bringend das göttliche Kind.

Auf dem Marktplatz

Auf dem Marktplatz steht ein Baum,
eine große Weihnachtsfichte.

Jeden Abend, wie ein Traum,
brennen an ihr viele Lichter.

Ach, wie rasch vergeht die Zeit –
Weihnacht naht, ist nicht mehr weit!

Im Winterwald

Im Winterwald, im Winterwald
geht schon ein Raunen durch die Bäume!
Ein Flüstern hörte ich und bald
erleben Tannen Weihnachtsträume.

Kerzen brennen an den Zweigen,
Christbaumkugel, Zuckersachen.
Wie werden sich die Zweige beugen –
wie wird das Kindlein in der Wiege lachen!

Im Winterwald, im Winterwald
geht schon ein Raunen durch die Bäume!

Es liegt ein Zauber in der Luft

Es liegt ein Zauber in der Luft
von Bratäpfeln und Tannenduft,
von Christbaumkerzen, Weihnachtssternen,
von Glockenläuten und Gedichte lernen –
und von dem göttlichen Krippenkind,
welches man in jedem Hause find´t.

Aus Holz gemacht, natürlich klar,
nicht so, wie es einst vormals war.
In Bethlehem, in einem Stall,
wurde es geboren dazumal!
Ein Stern zeigte es den Hirten an,
und Engel huldigten ihm dann.

Es zogen von weitem zu ihm her
drei Könige gar über das Meer.
Auch wir sehen es in der Krippe liegen
aus Holz – und fühlen diesen Frieden.
Die Frohbotschaft, die es gebracht,
den Zauber dieser Heiligen Nacht!

Tage kommen

Tage kommen, Tage gehen,
und der Schnee fällt stark und dicht.
Eisigkalte Winde wehen
spärlich in das Tageslicht.

Oma liest eine Legende
von dem kleinen Jesuskind.
Von der Zeit, der großen Wende,
in der Engel noch erschienen sind.

Welche die Hirten aufgeweckt,
damit sie sehen das heilige Kind.
In einer Krippe weich bedeckt
schlief es sanft so weich und lind.

Oma gähnt, sie wird schon müde,
ihre Augen fallen zu.
Auf die Nase rutscht die Brille,
dieser Tag geht nun zur Ruh´.

Tage kommen, Tage gehen,
es nähert sich die Heilige Nacht.
Bäume in Erwartung stehen,
draußen wächst die weiße Pracht!

Ein Friedenslicht

Unberührte kalte Winterwelt
unter dem goldenen Sternenzelt.
Kein Vogelruf, kein Ton, kein Laut,
nur das Eis im Bachbett baut.

So ab und zu stäubt wie im Traum
herab der Schnee von Busch und Baum.
Urplötzlich rast am Firmament
mit Feuerschweif, als ob es brennt –

Ein Meteor, ein Weihnachtsstern,
mir ist, als hörte ich von fern
den Klang holdseliger Engelsstimmen,
vom Gotteskinde hört´ ich singen!

Erblicke in einer Krippe liegend,
das Heilige Kind, man tat es wiegen!
So wie es war vor langer Zeit –
entschwunden, längst Vergangenheit!

Doch diese ganz besondere Nacht
hat ein Licht in die Dunkelheit gebracht!
Zu Bethlehem, damit es werde:
Ein Friedenslicht für unsere Erde!

Frühwinter

Leise fällt der Schnee herunter,
auch der Pittenbach friert zu.
Horch, das Eis kracht laut und munter,
wächst vom Rand her ohne Ruh!

Krähen sitzen auf den Zweigen
einer Weide öd und kahl.
Frieren, zittern, hungern, leiden –
´s zog der Winter früh ins Tal!

Kam herein wohl über Nacht,
Gevatter Frost gab ihm Geleit.
Überall die weiße Pracht,
auf den Fluren weit und breit!

Träumend blick ich in das Treiben
von der Brücke in den Bach.
Flocken tanzen einen Reigen,
sinken in das Wasser sacht.

Friedvoll, ruhig, rings umher,
nur das Wasser plätschert, rauscht.
Alle Straßen werden leer,
aus Kaminen steigt der Rauch!

Zügig geht der Tag zur Neige,
schwindet fort, auf und davon.
In dem Bachbett, seiner Beuge,
driftet das Eis zur Mitte schon!

Zeit der Besinnung

Advent –
Die Zeit der Besinnung.
Die Zeit, auf den Anderen zuzugehen –
auch, wenn es nicht immer leicht ist!

Vielleicht bist du, bin ich,
eines Tages froh,
dass es ihn gibt, den Anderen!

Dann, wenn wir Angst haben,
bei Krankheit, vor einer Operation,
oder nach einem schweren Verlust!

Kann sein, dass dir oder mir
in dieser Zeit
seine Hand, der er uns reicht,
sein Zuspruch,
die einzige Hilfe bedeutet.

Den Halt, den wir brauchen,
um durch diese Sache hindurch zu schreiten,
sie zu bestehen.
Die Kraft, um weiter zu leben.

Advent!

A Kitsch

Oes Kind hob i mia a Glaserl g'wünscht!
So Aans mit aaner Kirchen innen drinnen!
Waun ma des umdrahd hot,
nocha hot 's dicke Flocken g'schneit.
I hob mir des Glaserl so sehr g'wünscht,
kriagt hob i des nia!

"Schod um 's Gööd fia den Kitsch!"
hot ma zu mia g'sogt, nau jo.

Maunchesmoe waun im Advent,
Schneeflocken laungsam und sacht
auf Pitten oba foen,
de Bergkirch'n weiß aunzuckern,
der schneebedeckte Christbaam
aum Plotz im Lichterglaunz erstroed.

De Häuser rundum ausschau'n
oes wauns aus aan Bilderbüachl
aussa g'stiegn wären!
Daun is mia, wia waun i
im Glaserl meiner Kindersehnsucht
steh'n möcht! - Mittendrin!

Kaun mia Aaner sogn
der so wos Schönes g'seng hot,
ob des a Kitsch is?

Weihnachtsfrieden

Immer wieder, irgendwo
gibt es auf diesem Planeten Krieg!
Liegen Männer, fast noch Kinder,
auf zerwühlter dröhnender Erde.
Gestern spielten sie noch mit Steinen,
heute mit Schnellfeuerwaffen.

Jeder gegen Jeden, Zahn um Zahn -
und der Tod hält reiche Ernte!
Wer stillt das Leid,
wer trocknet die Tränen der Mütter, welche da fragen:

"Weshalb? Warum?"

Die Welt ist kleiner geworden,
uns bringt man die Gräuel via Fernsehen
zum Abendessen in das Haus!

Nicht nur hören, auch sehen können wir.

Sehen wir?

Es wird wieder Weihnacht - wiederum
werden Glocken Frieden auf Erden verkünden!
Friede den Menschen auf Erden,

nicht Jedem, nicht Allen.

Winter

Schneeflocken fallen still auf das Dach,
die Felder, den Baum, die Weiden am Bach.

Das Licht der Laterne decken sie zu,
werden immer mehr und haben im Nu
verhüllet das Haus, den See und den Wald.

Kommen sehr sanft, klebrig eiskalt –
Flüstern still, leise, nieder auf das Land,
ziehen ihm über ein Wintergewand.

Advent in Seebenstein

Vom Schlossberg teufelt her der Wind,
foahrt durchi, durch den Wold.
Wo er a off'nes Fensta find`t,
schmeißt er´s zua mit G`wolt!

Er werkt und winselt d´holbe Nocht,
grod dass neamd schlof´n kaunn.
An Holzstoß reißt er um mit Kroft
und druckt gaunz schief an Zaun.

Am Himmel treibt er d´ Wolken quer,
a wüde Jogd tobt durt!
Dabei plogt er si goar zu sehr –
vawaht si und is furt.

Jetzt wird es schtü in Seebenstein,
olle Lichter lösch´n aus.
Auf amoi schneibt es, rieselt fein –
bedeckt scho Hof und Haus!

´S is Weihnachtszeit, rauscht leis´ der Boch,
seine Ufer frier´n bold zua.
A Kotz miaut am Hüttendoch,
hernoch herrscht wieda Ruah!

Die Frost-Kids

Im Garten auf dem welken Grase
sitzen die Frost-Kids mit weißer Nase.

Färben mit Glitzer Busch und Zaun,
hocken im Wald auf jedem Baum.

Picken mit Nadeln ins Gesicht –
Du meinst, es ist Raureif, der so kalt sticht?!

Kommt dann Frau Sonne mit hellem Scheinen,
fangen die Frost-Kids sofort an zu weinen!

Laufen nach Hause in ihr eisiges Schloss,
suchen gleich Schutz bei Väterchen Frost!

Juchhee, juchhee

Es schneit, es schneit,
so weiß und breit.
Komm, wir hüpfen in den Schnee,
es schneit, es schneit, juchhee, juchhee!

Schlittenfahren lass uns gehen
zu dem Hügel hinterm Haus!
Halt dich fest, sonst kann´s geschehen,
dass du hinfällst, oh pardauz!

Ein glänzend Licht

Nun brennt ein glänzend Licht am Kranz,
es leuchtet, flimmert hell und tanzt,
bringt hier mit seinem goldenen Schein
Behaglichkeit und Ruh´ herein.

Grad´ wie im Flug, eh wir´s gedacht,
rückt näher uns die Heilige Nacht.
Und irgendwo in dieser Zeit
macht sich ein Kind eilends bereit.

Mitten ins Kriegsgeschehen wird es geboren,
noch nicht ganz da und schon verloren!
Möge doch endlich auf dieser Erde
für alle Menschen Frieden werden!

Kein Geschenk

Ich wünsch´ mir zur Weihnacht kein Geschenk –
Nichts, was ich mir auch könnte kaufen!
Ich wünsche mir etwas, das jedermann kennt,
dafür muss man nicht herum laufen.

Ich wünsche mir Frieden,
keinen Krieg, niemals Streit!
Null Bosheit, schon gar keine Lügen!
Gesundheit und Glück, für alle viel Freud´!
Damit bin ich rundum zufrieden!

A Lichterl brennt

Advent, Advent,
a Jeda rennt,
ma huscht von G`schäft zu G`schäft einkauf`n,
waunn ma nix find´t, haaßt´s weiterlauf`n!

Advent, die stille ruhige Zeit,
ist längst recht laut geworden,
weit und breit.

Von leise rieselt schon der Schnee
bis hin zum Schifoahr´n mit Juhhee –
hörst überoe an Plott´nlärm,
kaufst Hemden oder Häferlscherm.

Am Rückweg denkst flugs aun daham,
fix foed da ein, du brauchst an Baam!
Schmeißt di glei wieda ins Gewirr,
du host´s no pockt – jetzt bist du stier!

Advent, Advent,
die Börsel brennt –
dabei föd no für d´ Mali-Tant´
a Weihnochtsg´schenk – sunst hot´s an Grant!

Lebzeltenherzen san zum boch´n,
die Vorhäng vor dem Fest zum wosch´n.
Ma hot jo schließlich nur zwa Händ –
Und brauchat viere im Advent.

Für'd Kinder b'sorg i no a Schbüü,
des geht recht g'schwind,
is mia net z'vüü!
Advent, Advent,
a Lichterl brennt!

Der erste Schnee

`S ist wie ein Leichentuch –
weiß deckt er die Wiesen, das Feld, den Baum.
Kein Laut, kein einziger Vogelruf –
ein frostig-kalter Wintertraum.

Doch sieh:
Plötzlich stapfet durch den Schnee
ein Knirps, dem dies gefällt!
Zieht seinen Schlitten, ruft „Juchee!
Wie schön ist heute diese meine Welt!"

`S Kindl erwoart´n

Er is net Josef,
i net d´ Maria.
Wir bitten euch trotzdem
um Speis´ und Traunk!

A Platzerl im Stall
des brauchen wir nie,
a bisserl herhocken
auf eure Baunk.

A wenig mit euch woart´n
auf´s Kindl, dem Kloan!
A bisserl o´trotsch´n –
und daunn gemma hoam!

Der Nikolaus

Von weit her kummt der Nikolaus,
waundert im Dorf von Haus zu Haus.
Dies Annerl hot si furchtboar g´schreckt,
der Fritzl woar grod sauber keck!

Gaach wird er stad, eahm wird so baung,
allaanig kummt er net der Maunn.
Denn wos do rass´lt und so pumpert,
des is da Krampus mit sein Glumpert!

Der trogt an riesig laungan Bes´n,
und Hörnd´l hot des Teufelswes´n!
Oh meiner Seel, er fuhrwerkt um,
prompt wird´s dem Nikolaus zu dumm!

„Fix aussi, du vafluachta G´söö,
valoss di nur, du kummst in d´ Höll!"
Die Kinder frogt der heilige Mann,
ob sie auch brav und fleißig san.

Net ewig bei dem Fernseher sitz´n,
da kummt der Bua a wenig ins Schwitz´n.
G´schwind togt er vua a klan´s Gebet,
vom Jesuskind, so guat ´s holt geht.

Dem Dirndl is scho olles recht,
seit er dahin der schwoarze Knecht.
Der Nikloaus mocht auf sei Sackerl
und gibt an jeden Kind a Packerl.

Wia oes vorbei, de Klaan´ im Bett,
sogt´s Büaberl: „Host du des gsegn goar net,
i hob ma den aungschaut gaunz genau.
Der Nikolaus woar eine Frau!"

Das Neue Jahr

Ein neues Jahr beginnt,
noch ist es nackt und bloß.
So wie ein neugeborenes Kind
in seiner Mutter Schoß.

Ein leeres Blatt Papier,
auf dem noch keiner schreibt.
Stumm liegt das Jahr vor dir –
und doch schon startbereit!

Das Licht in der Zeit

Eine Landschaft wie aus Träumen,
auf dem Wald und seinen Bäumen
ruht der erste Schnee vom Jahr,
flaumig, flauschig, wunderbar!

Winterlandschaft, Winterluft,
in dir liegt ein eigener Duft,
voll Erwartung, voller Sehnen,
obgleich sich die Nächte dehnen.

Der Advent bringt uns ein Licht,
das die Dunkelheit durchbricht!
Bildschön brennt die Kerze hier,
demnächst zwei, dann drei, bald vier.

Und am Ende dieser Zeit
ist es wiederum so weit.
Eine Jungfrau makellos
trägt ein Kind in ihrem Schoß.

Einstmals ist es so geschehen
in dem Stall zu Bethlehem.
Diese Welt geht nie verloren,
der Heiland ist in ihr geboren!

Herbergssuche

„Maria, siachst du des Liacht?"
Wia kommt´s in die Nocht –
Es steigt in die Stern´,
unglaublich die Procht!

„Komm, der Weg wird dir schwer,
i klopf aun die Tür!
Du kaunnst nimmer mehr,
es rührt sich in dir!

Horch – wos sogt dieser Maunn?
Mia san für die z´gring?
Uns wollen sie net haum,
weil du trogst aun an Kind!

Ihr Haus is voll Leut´,
bei die Küah wär no Plotz.
Du host hohe Zeit –
i glaub fost, du wogst´s!

Hob´ ka Aungst vor dem Hund,
er legt si glei noh." –
und noch aaner Stund
liegt scho ´s Kindl im Stroh!

Christkönig der Wööd –
zwischen d´ Viecher im Stoe!
Drauß´n wird es toghell,
wia waunn´s brennert im Tal!

Hausfrauenweihnacht

Ruckt Weihnocht'n näher sog i zu mia laut:
"Na, in diesem Joahr net, i g'hörat jo g'haut."
Heuer moch i erst sauber waun Olles vorbei,
i boch kaane Keks mehr und sunst Ollerlei!

Stott dem Christbaum a Zweigerl, auch dieses ist nett
und 's Essen bescheiden, mia san eh scho zu fett!
Oba wia 's hoed soweit is, i man fost i spinn,
flux raam i mei Haus z'saum und Olles wos drin!

Aum Bod'n, im Keller werk i umadum
und schlepp den schwer'n Staubsauger mit mia herum!
Boch etliche Blech voll von Lebzelt und mehr,
kauf 's Essen für d' Festtog, 's wird oewäu zu schwer.

Schlussendlich ist 's fertig, putzt und her g'richt,
nocha muaß no a Baum her, a Asterl tuat 's nicht!
A neiche Frisur, des is do gaunz kloar,
wäu 's Christkind erwoart ma mit g'woschene Hoar!

Daun feiern mia Weihnocht, wia si des g'hört,
Nix is uns z' vüü, grod goar nix uns stört!
Bin i noch de Feiertog recht g'schlaucht und todmüad.
Die Meinigen daunken mia 's mit ihrer Liab!

´S Waundergeschenk

Verschieden san die Menschen heut´,
Der Ane schenkt, wos eahm söbst freut.
A poar san darin sehr geübt,
tuan weitergeb´n was ungeliebt,
ihre Kästen füllt und a d´ Vitrin´.

Wozua wos kauf´n, waunn ma´s ohnehin
net brauchn kaunn, es steht nur um.
Ma spoart si wos, ma is net dumm!

Aufpass´n haßt´s, dass man ´s net wieda
zur Weihnocht gibt der Tante Frieda.
So waundert a Geschenk goar maunchesmoe
rundherum im gaunz´n Pittentoe!

Bis endlich jemand sogt:
"Oh Schreck, des Glumpert
schmeiss´ i demnächst weg!"
Rechtzeitig denkt er jedoch draun,
die Ballsaison faungt boidigst aun.

Der Müllberg is längst vüü zu groß,
er spend´s oes Treffer und is´ los!
Wia´s hoed der Zuafoe wü im Leb´n
hot´s der g´wonnen, der´s gegeb´n!

Schtöt´s guade Stück in sei Vitrin´ -
Bis nächste Weihnocht bleibt´s do drin´!

Erzähle mir von Weihnacht

Erzähle mir von Weihnacht,
von Jesus und vom Frieden!
Berichte von der Hoffnung,
die uns Gott beschieden!

Freue dich an der Liebe,
an einem gütigen Herz!
An der Rose Blüte,
Beklag der Dorne Schmerz!

Frohlocke um ein Leben,
welches vom Himmel her
einst der Welt gegeben,
aus dem Sternenmeer!

Sprich von jener Jungfrau,
die uns das Kind gebracht –
zu Bethlehem im Stalle
in der Heiligen Nacht!

Tief verschneit

Tief verschneit liegt Feld und Wald,
drüben im Bach knirscht laut das Eis.
Eine Sonne, bleich und kalt,
zieht am Himmel ihren Kreis.

Im Futterhäuschen ganz allein
sitzt zerzaust ein kleiner Fink.
Lässt kein Vogerl zu sich rein,
pickt die Körner, frisst sie flink.

Zapfen wachsen unterm Dach,
glänzen, glitzern grell im Licht;
senkt herab sich früh die Nacht
und verschlucket jede Sicht!

Alles gehet nun zur Ruh´,
auch das Jahr neigt sich zu Ende.
Halte Rast ein wenig du,
lege in den Schoß die Hände.

Ewig dauert nichts auf Erden,
nicht der Winter, auch kein Leben.
Die Natur muss einmal sterben,
sich erneuern und erheben!

Wie Wattebällchen

Wie Wattebällchen, kalt und weich,
fällt der Schnee vom Himmelszelt.
Legt sich auf die Erde leicht –
Kalte, weiße Winterwelt!

Schau, die Kinder auf dem Hang
sind mit Schlitten unterwegs.
Ach, sie rodeln stundenlang,
bis die Sonne untergeht.

Morgen kommen alle wieder,
wollen einen Schneemann bauen.
Doch der Föhn singt seine Lieder,
ich mein: Morgen wird es tauen!

Mitten im Winter

Zwischen den Häusern blühen schon Schneeglöckchen,
nicken im Wind mit ihren weißen Blütenköpfchen –
mitten im Winter!

Erwarten den Frühling in der Sonne,
sprießen hervor, wachsen, gedeihen voll Wonne,
nahe der Mauer am Zaun,
unter einem kahlen Baum,
gleich dahinter –
im Winter!

Doch schon bald
fällt Schnee, dicht und kalt,
deckt die Fluren wieder zu!
Nun halten die Blümchen abermals Ruh´,
die zarten, duftenden Blumenkinder –
mitten im Winter.

INHALTSVERZEICHNIS